Susanne Reichhardt

Lyrikken følger mystikken

Lyrikken følger mystikken

Susanne Reichhardt

Lyriske fortællinger

København 2025

Takker dem der har været involveret
i bogens tilblivelse.

En særlig tak til Sabina.

Øjnene lyser op,
solen stråler
fra en skyfri himmel.

Vandets varme kilder,
varmer de smukke kroppe op.

Solen lyser søen op.
En nøgen krop dukker op.

Oppe ad bjergets top,
Står mennesker uden tøj
på deres krop.

Den bedste livsbegivenhed var,
da min datter kom til verden i 1986.
Lykkefølelsen var stor.
Omvæltningen gav et skub i mig.

Overvældende følelser
kom frem i mig. Fandt lykken
og ro til at være nybagt mor.

Vejen til succes og løsninger,
kommer nær, når man mindst
venter det.

Udviser tålmodighed, - har
ikke altid været min stærke side.

Er stolt over præstationer,
- forandringer jeg har gennemgået
gennem tiden.

Faldet mere til ro,
- hviler i mig selv.

Jeg er blevet klogere,
på mig selv.

Sorgen, smerten
dødsfaldet.
Mistede min mor i 2023.
Savner samtaler vi
havde sammen.

De tætte bånd bandt os sammen
gennem opvæksten
og siden i voksenlivet.

Med tiden bliver sorgen mindre,
- lettere at håndtere.
Det er den trøst,
jeg forholder mig til.

Døden er uundgåelig.
Afslutningen på livet.

Spekulerer på, om døden
banker på, før jeg mister dem,
jeg har kær.

Ingen ved, hvornår det sker.

Tårerne triller ned ad mine kinder.
Da lyset kommer
forbi mine øjne.

Så er tiden kommet,
til ikke at give op.

Kæmper kampen, viser
sårbarheden.

Ikke svært, når man har
genfundet lysten til at leve,
være i et med naturen.

Lever livet i med og modgang.

Modsætninger.

Hun er stærk
Jeg er svag.

Hun synger klart.
Jeg synger uklart.

Jeg sætter ord sammen på vers.

Hun springer ud af sengen,
tidligt om morgenen.

Selv går jeg stille med dørene,
inden jeg vågner op.

De positive tanker dukker op,
ud af det blå, og pludselig
har jeg lysten til at hjælpe andre.

Så lytter, hjælper, så godt jeg kan.
Med de kompetencer,
der er til rådighed hos mig.

På samme måde, er jeg taknemmelig over andres ekspertise og råd.

Missionen er nemlig at vise verden,
at intet stopper os.
Vi er hver især vores egen
lykkes smed.

Var længe om at finde ind til
hvad jeg duede til.
Fandt ind til skrivningen.
Det var lige mig.

Godt at have gode
mennesker ved sin side.
Der ved, hvad der rører sig
i samfundet.

Mennesker man møder,
et spejlbillede på sig selv,
gode ting man gør
og siger, til dem man møder,
gennem tilværelsen.

Derfor prøver jeg
at være en bedre
version af mig selv.
Det er målet for mig.

Perfekt er jeg ikke. Spørgsmålet er, om der er nogle, der ser sig selv som perfekt.

Måske, - det ved jeg ikke.

Stolt over processen,
- lærdommen har givet mig
et bedre perspektiv på,
at være åben over for mennesker,
også dem jeg ikke kender.

Derfor ser tingene anderledes
ud for mig, nu hvor jeg er blevet
ældre og klogere.

Viser mine følelser.
Sårbarheden er væk, jeg har lært
at være taknemmelig over,
hvem jeg er.

Jeg er opmærksom på,
at man stadigvæk kan lære
gennem livet.
Vi er ikke robotter.

Begår fejl lever og lærer
gennem fejltagelser.

Har fået et bedre positivt syn
på omgivelserne og verden
i det hele taget.

Det har således været nemmere
at være mig.

Så er spørgsmålet om andre
har det på samme måde.
At hvor der er vilje, er der vej til
forandringen også hos andre end mig.

Det vil vise sig, om mennesker er
åbne, imødekommende over
for at gøre noget nyt og
spændende i livet.

Kærligheden bærer os
gennem svære tider.
Familiebåndet er stærkt.

Viser forståelsen for hinandens
svagheder, - ruster os,
støtter hinanden i et bærende bånd.

Slipper tøjlerne.

Du er yngre.
Jeg er ældre.

Giver slip, slipper dig,
fri af mine tøjler,

Du finder en yngre
udgave af mig.

Der er på samme
niveau som dig.
Kvinden er derude.
Hun venter på dig.

Holder fast
ikke hårdt,
svært at ånde,
du får mig til at føle,
at jeg ikke kan
trække vejret

Derfor ønsker
jeg manden, en
som er blid og kærlig,
med humor,
grine af og med.

Da vi to ikke er gode
for hinanden, derfor gik
vi hver vores vej.

Ens tålmodighed
slipper op. Jeg giver op,
før jeg er kommet i gang
med noget stort.

Med små skridt er skuden vendt,
baner vejen til positivitet,
navigerer ”skibet i mål”.

Er et menneske,
der gør mit bedste,
for at være god ved andre,
passe ind i mængden.

Min stemme siger mig,
det er tid til at lukke op.

Fordybelsen og roen
fylder mere hos mig.

Forandringen har givet
mig ro i sindet. Lært mig
at lukke op.

Ventetiden

Venter på bussen,
kæresten.
Ved tandlægen,
lægen.

Restauranten, hvor middagen
serveres.
Sidder i bilen på hovedvejen.

Ventetiden, ensomheden,
nonstop, på alt og ingenting.

Bruger tiden på andet,
som er sjovt og godt.

I stedet for at være træt
af ventetiden, hvor end
du befinder dig.

Lukker op,
ikke for hvem
som helst.

Åbner op,
ikke helt alligevel.

Da alt ikke behøves,
at komme frem i lyset.

Jeg bestemmer selv farten,
hvor langt jeg vil gå.

Hænger på, hænger fast
hænger i en tynd tråd.

Hænger på, lytter,
hæng dig ikke i småting.

Vær åben, vis dit værd,
nyd livet,
lad ingen styre dig.

Ensomheden går
hånd i hånd
med kedsomheden.

Ønsket om, at møde andre,
ikke sidde alene dagen lang.

Har ondt af sig selv.

Opsøg venner eller bekendte,
- Så opdager man, at hjælpen er nær.

Lyrikken, dele af mystikken.

Er ikke 100 procent
sikker på mine egne værdier.

Men skriver hvad der
falder mig ind, tankerne,
- vil være menneske
på godt og ondt.

Gode ideer, nye
udfordringer, intelligensen
bliver udfordret i hverdagen,
som for mig er godt og sundt.

For mig er inspirationen drevet,
af passionen for at skrive.
Gøre interessen
til virkelighed og hobby.

Afslutningen

Bag om mystikken gemmer sig
en såret kvinde,
der er kommet helskindet
gennem tilværelsen,
lagt fortiden på hylden.

Har været forskellige episoder,
gennem livet, der har været
svært at håndtere.

Det kan jeg
ikke lave om på.

Forfatteren Tove Ditlevsen er en inspiration for mig. Hendes litteratur har støttet mig i at åbne op om svære ting i livet.

Tove Ditlevsen er exceptionel og unik i hendes måde at skrive på.
Hun bruger sig selv i sine digte og lyriske vers.
Hun er en af mine favoritter.

© 2025 Susanne Reichhardt

Forlag: BoD · Books on Demand, Strandvejen 100,

2900 Hellerup, bod@bod.dk

Tryk: Libri Plureos GmbH, Friedensallee 273,

22763 Hamborg, Tyskland

ISBN: 978-87-7145-760-5

MIX

Papir fra
ansvarlige kilder
Paper from
responsible sources

FSC® C105338